FRIEDA FAIT LA DIFFÉRENCE

FRIEDA FAIT LA DIFFÉRENCE

Les Objectifs de développement durable et comment toi aussi tu peux changer le monde

NATIONS UNIES

REMERCIEMENTS

Ce livre a été conçu et publié par le Centre d'Information des Nations Unies (CINU) de Windhoek, en Namibie, l'un des bureaux du Département de la communication globale des Nations Unies. Ce livre a été conçu pour aider les jeunes lecteurs à connaître et à mieux comprendre les objectifs de développement durable.

Le service des publications des Nations Unies tient à remercier les personnes suivantes pour avoir donné vie à cette histoire qui touche les enfants du monde entier : Anthea Basson, responsable nationale de l'information et chef du CINU à Windhoek, et Welda Mouton, assistante d'information.

Cette histoire a été écrite par Nicola Gallagher, une experte en communications. Les illustrations ont été créées par Nelett Loubser, propriétaire de KunsHuis Graphic Design.

Pour plus d'informations concernant le CINU, visitez http://windhoek.sites.unicnetwork.org.

Pour plus d'informations concernant les objectifs de développement durable, visitez le site www.un.org/sustainabledevelopment/fr/

NOTE AUX LECTEURS

Le 1er janvier 2016, dix-sept objectifs de développement durable (ODD) intégrés à un plan d'action ont été officiellement lancés. Les dirigeants du monde entier ont convenu que ce plan d'action contribuera à rendre le monde meilleur d'ici 2030.

L'année 2030 peut sembler lointaine, mais il faut davantage d'efforts et d'engagement pour résoudre les problèmes tels que mettre fin à la pauvreté, lutter contre l'inégalité et le changement climatique, protéger nos océans et nos animaux et veiller à ce que personne ne soit laissé de côté.

Pour ce faire, tous les pays sont appelés à contribuer à protéger notre planète. L'appel s'adresse aux gouvernements, aux entreprises, à la société civile et aux jeunes comme vous ! Dans ce livre, vous apprendrez à connaître les ODD et vous trouverez également des conseils sur comment vous pouvez faire la différence dans votre vie et dans celle des gens qui vous entourent !

La terre des gens libres est celle où Frieda joue.
Son pays est si beau, il y a presque tout.

Les paysages sont magnifiques et pleins d'animaux.

Les gens sont aimables, la cuisine et la musique sont bonnes.

À l'école, Frieda étudie les pays du monde. Elle découvre l'Organisation des Nations Unies et apprend comment les pays travaillent ensemble pour la paix. L'ONU travaille avec les gouvernements pour que le monde soit meilleur pour tous quels que soient leur sexe, leur religion ou leur race.

Un jour, Ana, une représentante des Nations Unies, rend visite à l'école de Frieda. Intelligents, les enfants répondent aux questions difficiles d'Ana sur le travail des Nations Unies.

Le fait d'apprendre plus sur l'ONU motive Frieda à vouloir grandir et à changer le monde. Cependant, elle croit qu'en ce moment cela est impossible car elle n'est qu'une petite fille.

La représentante de l'ONU lui dit :
« Toi aussi tu peux contribuer au
changement ! Il y a beaucoup de choses
que tu peux faire dans de nombreux
domaines. »

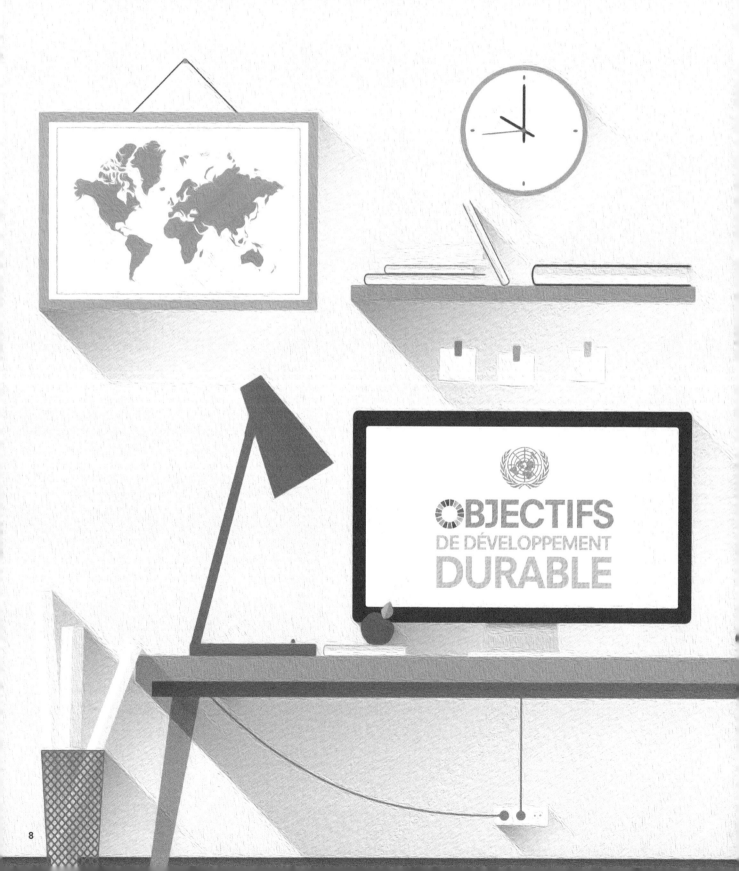

« L'ONU s'emploie à atteindre les objectifs de développement durable. Tout le monde, jeune ou âgé, peut aider à les réaliser, quel que soit son rôle. »

« En commençant par mettre fin à la pauvreté, il faut viser à répondre aux besoins fondamentaux.

Tout le monde mérite d'avoir un logement sûr, nous en avons tous besoin ! »

« Ensuite, nous voulons éliminer la faim
pour que tout le monde mange bien
et suffisamment.

Des repas sains et équilibrés pour tous au quotidien vous donnent de l'énergie et vous mettent de bonne humeur. »

« Tout le monde a droit aux soins médicaux, à faire du sport et à être en bonne forme, quel que soit son âge et sa situation. »

3 BONNE SANTÉ ET BIEN-ÊTRE

« Il est important d'apprendre à lire, à écrire et à calculer.

Tout le monde mérite d'avoir une éducation de qualité pour réussir dans la vie. »

« Tous les garçons et les filles devraient être traités sur un même pied d'égalité et bénéficier des mêmes opportunités.

Nous devons promouvoir l'égalité au sein de toutes nos communautés. »

« Tout le monde a droit à l'eau
potable et à l'assainissement.

Cela partout, dans chaque nation, que ce soit au nord, au sud, à l'est ou à l'ouest. »

« Au lieu d'utiliser le pétrole et d'autres ressources épuisables,

Il vaut mieux opter pour la lumière du soleil,
une énergie renouvelable à l'infini. »

« Le travail doit être sûr,
sécurisé et juste.

Il doit y avoir de bons emplois et de bons salaires partout et pour tous. »

« Nos routes et nos ponts doivent être bien construits, solides et durables.

Pour que tout le monde puisse se déplacer librement et sans risques. »

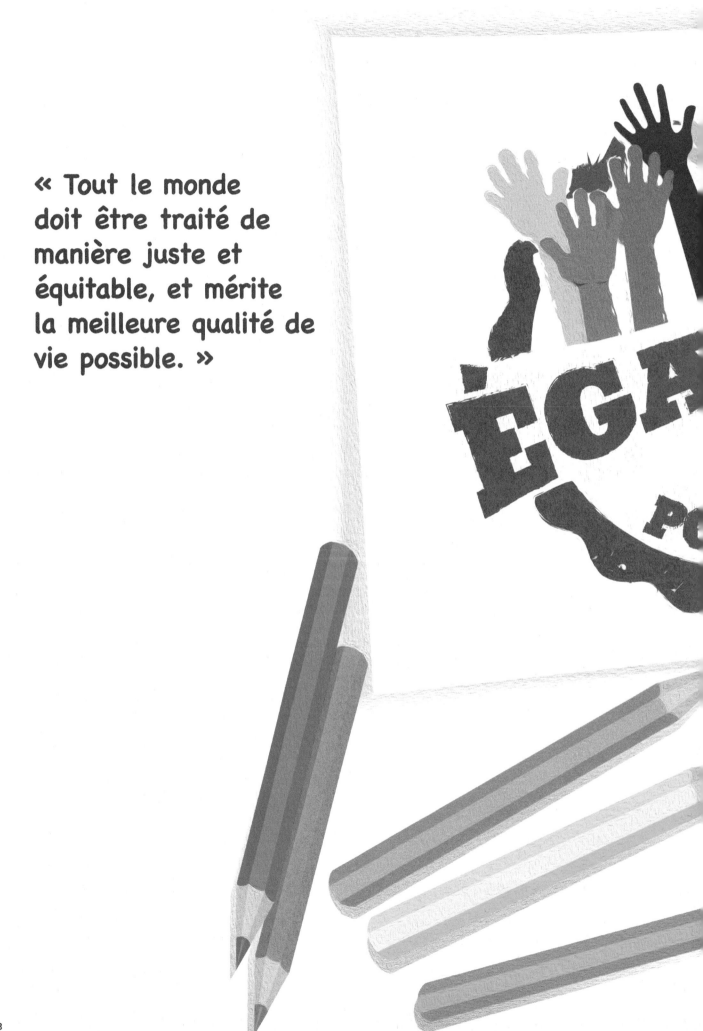

« Tout le monde doit être traité de manière juste et équitable, et mérite la meilleure qualité de vie possible. »

10 INÉGALITÉS RÉDUITES

« Les villes doivent se développer au rythme de la croissance de la population. Il faut des bâtiments sûrs et des logements pour tous. »

« Nous devons nous engager à être responsables lorsque nous consommons ! Pour ce faire il faut recycler, réutiliser et réduire les déchets.

« Le monde devient plus chaud.
Le climat change. Nous savons
que c'est vrai.

Donc, réduisons la pollution. Agissons dès maintenant pour que ce soit fait ! »

13 MESURES RELATIVES À LA LUTTE CONTRE LES CHANGEMENTS CLIMATIQUES

« Il faut protéger les poissons des océans.

En évitant de trop pêcher. »

14 VIE AQUATIQUE

« Les lions, les rhinocéros et les éléphants sont des animaux qui vivent sur la terre ferme.

Nous devons aider à les protéger.
Nous devons prendre position. »

« Nous devons viser à maintenir la paix, promouvoir la justice et renforcer les institutions.

Pour veiller à ce que tout le monde soit protégé et traité de manière juste, il faut trouver des solutions ! »

16 PAIX, JUSTICE ET INSTITUTIONS EFFICACES

« Enfin, nous devons tous travailler ensemble pour que le monde soit meilleur pour tous. »

Frieda est tellement heureuse d'apprendre qu'elle aussi peut participer aux ODD.

Cette nuit-là, Frieda se dépêche de rentrer chez elle pour passer du temps avec sa famille.

Elle leur raconte comment les Nations Unies changent le monde et comment elle aussi veut le faire.

Frieda leur dit : « Réfléchissons ensemble ! Vous et moi ! Tout le monde ! »

PARCE QU'ENSEMBLE NOUS POUVONS FAIRE LA DIFFÉRENCE !

CE QUE TU PEUX FAIRE

✓ Eteins les lumières lorsque tu n'es pas dans la pièce. Débranche les appareils lorsque tu ne les utilises pas.

✓ Prends ton propre sac lorsque tu vas faire des achats. Si tu as ton sac réutilisable, tu n'auras pas besoin d'un sac en plastique du magasin.

✓ Recycle le papier, le plastique, le verre et l'aluminium pour empêcher que les décharges grandissent.

✓ Prends ton vélo, marche à pied ou prends les transports en commun. N'utilise ta voiture que pour les voyages en groupe.

✓ Ajuste ton thermostat : plus bas en hiver, plus élevé en été.

✓ Donne ce que tu n'utilises plus. Les associations caritatives locales pourront redonner vie à tes vêtements, tes livres et tes meubles de seconde main.

✓ Rends-toi à un bureau de vote local lors des élections. Découvre qui essaie de faire une différence.

✓ Invite des gens à expliquer à ta classe comment ils aident à améliorer ta communauté (et n'oublie pas de les remercier !).

✓ Fais du bénévolat dans ton quartier. Tu n'as pas besoin d'aller loin pour trouver des moyens d'aider les autres.

✓ Parle avec ta famille sur comment mieux agir ensemble pour faire une différence dans ta communauté.

RESSOURCES

Visite les sites Internet suivants pour en savoir plus sur les actions simples à mener dans ta vie quotidienne pour aider à faire la différence. Si tu te sens concerné, tu peux changer les choses ! Sois le changement que tu souhaites voir dans ce monde !

GUIDE des PARESSEUX

pour

SAUVER la PLANÈTE

Préparé par les Nations Unies, le Guide des Paresseux pour Sauver la Planète nous propose des conseils sur ce que nous pouvons tous faire pour apporter des changements. Certains conseils sont simples et peut-être vous les suivez déjà. Cependant, d'autres vous demanderont de changer ou d'adopter de nouvelles habitudes.

www.un.org/sustainabledevelopment/takeaction

Tout le monde peut amener un changement. Avec #YouNeedtoKnow, choisis l'une des 170 actions simples et contribue à rendre le monde meilleur – une étape à la fois ! Les ressources sont disponibles en huit langues.

www.youneedtoknow.ch

Ce livre a été imprimé sur du papier FSC Mixed en utilisant une encre à base de soja.

CE QUE JE PEUX FAIRE

CE QUE JE PEUX FAIRE

CE QUE JE PEUX FAIRE